우리 시대 현대시조 100인선 25

꿈꾸는 별자리

이 상 범

태학사

우리 시대 현대시조 100인선 25

꿈꾸는 별자리

초판 인쇄 2000년 12월 28일 • 초판 발행 2001년 1월 1일 • 지은이 이상범 • 펴낸이 지현구 • 펴낸곳 태학사 • 주소 서울시 서초구 서초2동 1357-42 • 전화 (02) 584-1740 (代) • 팩스 (02) 584-1730 • e-mail thaehak4@chollian.net • http://www.thaehak4.com • 등록 제22-1455호

ISBN　89-7626-605-6　04810 • ISBN　89-7626-507-6　(세트)

ⓒ 이상범, 2001
값 5,000 원

☞ 저자와 협의하에 인지를 생략합니다.
☞ 파본은 구입한 곳이나 본사에서 바꾸어 드립니다.

정운시조문학상 수상식장에서 어머님을 비롯한 형제들의 모습(1983)

蘭詩小品展을 하늘 공원 전시장에서 개최시 정한모 문예진흥원장을 권택명 시인 등이 안내하고 있다(1987)

한국시조시인 협회장으로서 하계 세미나를 마치고 회원과 대화를 나누고 있다.
(1991. 아카데미 하우스)

월하 시조비 앞에서 이태극 선생님과 함께(1994)

차례

제1부 원경(遠景)의 바다

가을손	13
대화	14
오두막집행(行)	15
꽃·화두(話頭)	17
원경(遠景)의 바다	18
신록에	19
음악에 붙이는 시	20
하구(河口)	21
갈대밭에	22
귀뚜리 산조	23
가을 입문(入門)·2	24
가을 입문(入門)·3	25
아가에게 주는 시(詩)	26
성좌(星座)	27

제2부 미시령의 말

다락 생각	31

거울	32
역사 견문록(見聞錄)·1	33
억새밭의 백서(白書)	34
미시령의 말	35
벚꽃 길	36
성(城)	37
돈대(墩臺)에서	38
백양나무 숲의 인상	39
나무 그리고 목례	40
일식권(日蝕圈)	41
동제(洞祭)	43
캐리커처	44
공항로(空港路)·안개	45

제3부 들풀 소사(小史)

들풀 소사(小史)·1	49
들풀 소사(小史)·2	51
들풀 소사(小史)·3	52
들풀 소사(小史)·4	53

들풀 소사(小史)·5	54
들풀 소사(小史)·6	56
들풀 소사(小史)·7	57
들풀 소사(小史)·8	58
들풀 소사(小史)·9	59
들풀 소사(小史)·10	60
들풀 소사(小史)·11	61
법주사 운(韻)	62
화문석	63
찬물에 세수해도	64

제4부 봉함엽서

고요행(行)	67
가을 초상	68
늦가을 초상·1	69
늦가을 초상·2	70
봉함 엽서	71
해인사(海印寺) 운(韻)	72
별·1	73

물소리 · 1	74
작은 스푼	75
남도창(南道唱)	76
족자를 들추다가	77
비(碑)	78
오두막집행(行) · 2	79
별의 말	80

제5부 개다리 소반

민들레	83
조각보	84
개다리 소반	85
목기(木器)	86
인사동 설야(雪夜)	87
청복(淸福)	88
묵향가에 · 미달이가에 · 1	89
전등사	90
설악산 소묘 · 2	91
청람색 바다	92

강설(降雪)	93
눈 오는 저녁답	94
입추 주변	95
유년 회상	96
해설 깊이 우러난 삶의 간추림, 그 정결(淨潔)의 미학 · 신범순	97
이상범 연보	117
참고문헌	120

제1부 원경(遠景)의 바다

가을손
― 서시

두 손을 펴든 채 가을볕을 받습니다

하늘빛이 내려와 우물처럼 고입니다

빈 손에 어리는 어룽이 눈물보다 밝습니다.

비워 둔 항아리에 소리들이 모입니다

눈발 같은 이야기가 정갈하게 씻깁니다

거둘 것 없는 마음이 억새꽃을 훑습니다.

풀향기 같은 성좌가 머리 위에 얹힙니다

죄다 용서하고 용서받고 싶습니다

가을 손 조용히 여미면 떠날 날도 보입니다.

대화

하나 둘 조약돌을 강물에 던져 봅니다

물면에 원을 그리며 속 깊은 무게가 됩니다

우리가 일군 여울의 밑창쯤에

비로소 우는 풀벌레…….

때로 외롭고 슬펐지만 삶은 보다 위대했다고

입김을 밟아 오르는 하늘 같은 이야기에도

가다간 죽은 가지 새순 돋듯

사금으로 반짝입니다.

오두막집행(行)

눈 내리는 밤엔
변두리행 버스를 타자
마른 꽃 다발다발
바람의 눈망울로
흰 커튼 사이로 불빛이
손짓하는 오두막집.

소꿉 살림 창가에 앉아
시를 호호 불어대고
산냄새 살냄새 사이
시집들이 키를 재는
고뇌도 갈색으로 익어
잎이 지는 작은 방.

때로 미친 바람이
산자락을 뒤흔들어도
색종이 꼬깃꼬깃
아픈 시가 눈뜨는 곳

저물면 끈끈한 숨결이
놀라 깨는 작은 집.

꽃 · 화두(話頭)

몸으로 피는 꽃은
몸으로 말을 건넨다
숨결을 누이며
세우며 일으키며
세상의 가장 적막한 곳을
뒤채이는 나비 나비…….
비둘기가 소리 없이
공간을 때리는 파장
변방에서 몰리는
하늘의 온갖 기운이여
파열을 위한 황홀한 찰나
숨죽인 서울도 보인다.

원경(遠景)의 바다

잠이 깬 소녀의 귀밑머리 귀밑머리

꿈꾸듯 출렁이며 사랑이고 싶었니라

구원의 변경을 치는 고백이고 싶었니라.

불 붙는 뱃고동은 구천을 물어 와도

달무리 외로움을 감싸주는 풍금 소리…….

풀었던 영혼을 씻어 노래이고 싶었니라.

부서지고 싶었니라 부서지고 싶었니라.

열망은 물으로 물으로만 승화해도

제 모를 가슴을 뒤쳐 말긋말긋 흐르더니라.

신록에

꿈자리엔 꽃 이울고 시새우던 바람 자고

비 개인 이 아침은 눈물 빛듯 아로새겨

그냥 그 눈이 감기는 아 섭리의 감촉이여.

감감히 흘려 보낸 보룡산 내음 띠고

옥양목 두루마기 외삼촌과 한나절은

한 십 년 기슬러 올라 주막집에 앉고 싶다.

취하여 싱그러운 밀어랑은 나도 몰라

어느 뉘의 입김 담은 귓말인가 저 엽신(葉信)은

볼 비벼 서로 도타운 하늘 가득 하늘 소리.

음악에 붙이는 시

깊이 모를 깊은 속의 혈관에 돛을 달면

물팔매 이랑지던 어린 날의 강기슭에

모래성 쌓던 그 시절의 소년 하나 남습니다.

여음을 타고 이는 불길 살시시 재워도 보는

가슴엔 밀물과 썰물 발목이 젖는 밑뿌리의

스스로 보채는 나무 하나 손 흔들며 자랍니다.

괴로움 씻고 그 너머 죽어도 좋을 희열인데

가슴에서 가슴으로 무량을 누빈 아픈 새여

종극을 더듬는 날엔 먼 데 바람이 붑니다.

하구(河口)

눈빛에 찍힌 사랑 새겨 놓은 일몰 기슭

심령의 바구니엔 잎 쌓이는 이 고독을

더불어 누리고 보면 뭔가 알 만도 하다.

밀치고 닥뜨리며 결코 흐름일 수 없는

빙점의 괴로움 씻어 눈 떠지는 슬기로움

깨물이 가늠하고 보면 뭔가 할 말이 있다.

제 나름 풀어 헤친 곳 안겨 드는 연연함이여

무어라 문은 소리 없이 퍼득이며 열리는가

천 년을 죽었다손 치고 뭔가 지금 스스롭다.

갈대밭에

이미 떠나 없는데 하얗게 이우는 실토

무수한 주름살 위에 구시월 결을 흔들면

갈대는 하얀 흐느낌을 밤을 새워 쏟았다.

십오야 둥근 가난 밀물보다 아픈 갈밭머리

쓰러지고 쓰러져도 하얀 파도로 되오는

절통한 핏빛이 바래어 아 하얗게 탄다.

귀뚜리 산조

열무김치 풋고추랑
무더위를 말아 먹고
조선의 문지방에
풍악을 잡히던 촉각
청명은 도라지 꽃빛
건들메 귀뚜리 운다.
네 울음에 익는 은방주*
눈 감으면 사랑방 장죽
할아버님 풍골 좋아
흰 수염에 내리던 울음
씨롱에 세월이 매달려
이 강산 박꽃 진다.

* 은방주 : 벼 품종의 하나

가을 입문(入門)·2

지금은 떠나간 자리
수은등 아슬히 떤다
한 번은 있었는가 싶은
옛날은 점으로 앉고
하이얀 벤치엔 까만
멍이 하나 잠들다.
인욕 그 겹옷을 벗듯
가을산 적막도 지고
다갈색 그늘진 바람
세월 달래 비질해 가면
나는 또 우주의 모서릴
헐어 내고 있었다.

가을 입문(入門) · 3

능금 하나 손에 들고
문득 환한 세상

산은 산색에 졸고
물빛은 더욱
깊은 생각

흥건히
비우고 떠난 자리
내다뵈는
하늘색.

아가에게 주는 시(詩)

아가의 손을 잡고
신작로를 걸어가면
오월은 내 눈썹에서
발등까지 입맞추고
꼬옥 쥔 이 혈류(血流)의 것
수정보다 맑은 은혜.
살아 황홀한 목숨
이 고운 천지간을
꿈인 듯 꿈인 듯
반짝이는 어진 사랑
이 하루 초록의 풀밭을
아가와 내가 산다.

성좌(星座)

너는 나에게서 멀고
나는 너에게서 깊다
등 돌리고 그므는 인연
숨쉬면 꿈꾸는 별자리
밤마다 참벌 나는
눈망울의 점등이여.
내면 깊이 잠긴 여울
너로 해 난 빛나는 소멸
아 끝내 흠일 수 없는
소중한 가장자리
뽀사한 목숨의 귀향
아픔은 밤에만 눈 뜬다.

제2부 미시령의 말

다락 생각

마른 연잎 꺾인 대궁
서걱이는 동짓달은
바다도 일어서서
먹물빛 세우며 오고
눈발 선 하늘 밑 다락은
깊은 장고(長考)에 들었다.
닫힌 문 창호지에
시 읊고 운 다는 소리
대숲에 든 선비의 달빛
국운을 칼질하고
오백 년 벼른 글 기운이
연꽃 받쳐 떠오른다.

거울

공한지에 말뚝 없이
매어 놓은 버스 몇 대

문득 올려다본
백미러에 가슴이 죈다

한 시대 불신의 눈망울
얼비치는
까만 철망.

역사 견문록(見聞錄)·1

마른 풀도 키를 낮춘 우금치*란 언덕빼기
뼈와 살 함성마저 바람으로 누워 있다
일백 년 잡초의 사발통문 깨지 않는 깊은 잠.
역사란 승자의 몫 죽은 자는 죄도 죽고
후대의 가슴에 남아 울음 우는 그날의 말
절통한 이 땅의 쑥물 대접으로 들이킨다.
송장배미 저수지 위 눈보라가 달려가며
내뱉는 그 육성을 심장으로 엿듣고 있다
죽창에 쇠스랑을 든 수만 거친 숨소리…….
그날 동학에 합류한 나의 증조 할아버지
평생을 쫓기는 삶 쉬쉬하다 숨을 거두신
봉분에 큰절 올리지만 아무 말씀 없으시다.

* 우금치 : 동학농민군 3만이 공주성을 향해 네 갈래로 진군, 관군·왜군과 맞서 싸우다 끝내는 주력군 1만이 우금치서 최후를 마쳤다.

억새밭의 백서(白書)
−4·3이 밟고 간 그 땅에

흰 빛 세워 꿩이 날고 노루 목이 가고 있다

쭉 뻗은 곧은 길이 지워졌다 이어지고

싹쓸이 마을도 가끔은 주춧돌을 드러낸다.

사람이 폭도로 불려 살이 살을 토벌하던

억새꽃 하얀 불길이 섬 하나를 다 태워도

서로는 몸을 비비며 남은 말을 또 쪼갠다.

뼛가루 자욱이 날아 이 가을을 뒤덮어도

오돌또기 등에 업혀 귓결 아득 속울음을

파문을 누이며 세우며 혼의 백서 날고 있다.

미시령의 말

마른 풀 굴리며 가는 발해며 고구려의 티끌
쇠붙이 녹슨 혼이 눈보라의 화살로 박히고
아득히 북만주의 말발굽 산도 닳아 엎드렸다.
수리취 마른 꽃대에 서슬 세운 눈꽃 바늘
앙상하게 찢긴 언어 부서져 내린 하늘 끝
철조망 위로 내민 총구(銃口) 저 희한한 병정놀이……
등짐 진 하얀 입김 굳은 살의 내면을 흘러
페치카에 달군 생각 사진틀 속 연인은 웃고
종일을 눈 못 뜨는 눈발 초소는 지금 명상의 성(城).
줄 하나에 매인 교신 선하품에 눈을 굴린다
옛적 갑옷만 싶은 방한복은 누비옷이고
철책선 부근에 와 팔짱 낀 남과 북의 뽀얀 눈밭.
응시 너머 분지에 필 잔대꽃은 진자줏빛
가슴에 묻은 말 싹이 터 홍조 띠며 언제 돌까
잉잉잉 불침 놓는 눈보라 반도 지금 웃고 있다.

벚꽃 길
―사월을 생각하며

사랑이 지나는 길은
지상 어디고 꽃길이다
꽃 속에 꽃으로 나부끼며
꽃이고자 했던 그들
삼십 년 전에 이 꽃길로
꽃을 밟은 그는 없다.
천상의 꽃으로 떠난
그의 발자취 또한 꽃
사람이 주인인 꽃은
마침표가 없는 꽃
올해도 그 꽃길을 따라
아이들이 가고 있다.

성(城)

망루에 올라서면 이름 모를 방패가 된다

무수한 화살 앞에 내 가슴은 과녁이 되어

돌들이 깎이운 벽 앞에 누대의 바람이 밟힌다.

유심히 널 바라보면 벌떼가 잉잉 거리고

결국은 허공을 차고 누각은 하늘을 난다

흐르는 성마루에 얹혀 나도 자꾸 날아간다.

돈대(墩臺)에서

―강화의 요새였던 전적지. 지금은 성(城)이 복원되고
 포(砲)가 남아 있다.

섬 하나가 물에 젖어 바람에 익고 있다

죽은 이는 산 자의 가슴 속 불씨로 남고

결 삭은 해안의 물소리 하얀 소금 소금기여.

숲에는 깊이 숨긴 그날의 거친 이야기

옹이 진 나무 하나도 예사롭지 않은 이 땅

바위에 귀를 모으고 산 얘기를 듣는다.

섬 하나가 물빛에 익고 한 나라가 젖고 있다.

산 자의 손길이 돈대의 포를 어루만지며

떠나간 시간의 발자국을 바람 앞에 재고 있다.

백양나무 숲의 인상

몇 천리를 가도 가도
설원엔 백양나무 숲
숲 위로 해가 기울고
고흐의 해가 떠올랐다
원시의 시베리아 횡단
눈가루와 목쉰 기적 소리…….
연해주 우리 살붙이
강제 이주 당하던 해
무작정 화물칸에 실려
죽으면 죽고 살면 살리라던
곳간차 문틈의 백양나무 숲
그 숲 속의 하얀 집.

나무 그리고 목례

그늘 아래 약장수가 넉살을 팔고 있다
대결이 멎은 날엔 도심은 부챗살을 폈고
원숭이 목례에 담긴 웃음들이 깨어났다.
파장의 그늘에선 축 처진 어깨를 들어
전날의 맵싸한 내음에 몸을 다시 떨었지만
밤이면 뒷짐진 걸음으로 어둠을 옮기곤 했다.
그냥 흔들리는 자리 그을음을 맡아 왔다
시끄럼이 뜸한 날은 이파리를 반짝이며
간간이 바다 소리 섞인 흰 포효를 들었다.
요며칠 아침엔 제법 일터로 가는 나에게
그런 대로 괜찮냐고 근황을 묻기도 하여
연달아 어떨지 몰라 그냥 목례를 보내곤 했다.

일식권(日蝕圈)

노을 속 타는 빗돌 더듬어 온 강줄인데
애석히 저물어 간 아세아의 권속이여
내 하늘 청자의 얼빛은 어느 결에 머문가.

앙가슴을 누벼 나간 냉각의 저 벽모롱이……
잊지는 갈구 너머 다시 이는 밤안개를
등심은 양안을 지켜 속엣말을 뇌이고 —.

풍성한 과육이듯 내가 묻힐 땅은 어디
식지를 빨며 자란 벌거숭이 후예들에
영원을 가리키는 별자리 헤이려니 멀고나.

이승과 저승의 골짜기를 베고 누운
끝장 없는 묵시 앞에 떨고 섰는 명명(命名)의 나무
비정을 훌훌 벗어 던지고
울고 싶은 역류여.

이 어둠 사위는 날 꽃수레 타고 동은 트리

숙원의 강나루며 다리 놓아 길이 되면
새아침 동방의 나라 꿈도 깁고 살리야.

동제(洞祭)

바람은 솟대 끝에 하늘 귀를 열어 놓고
제삿상 돼지머리 고기로 받쳐 웃고 있는
매달린 흰 천의 가지 천천히 눈 내린다.
귓부리 추운 하오 축문 또한 떨고 있고
무당의 칼끝에 베어지는 온갖 부정
큰절을 올리는 머리맡 지폐 또한 쌓여가고…….
마을 안녕 고을 안녕 나라 안녕 싸잡아서
기원이야 입김에 실려 허공 중에 입적하고
고목은 앙상한 뼈대 겨울 하늘 이고 있다.
시루에 얹힌 촛불 귀신길을 천도하고
응감하는 기운 돌아 온 마을이 잠겨 있다
소지는 하늘의 언 별 몇 개쯤 눈 띄울까.

캐리커처

점 하나 선 하나로
미개지를 열고 있다

점 하나의 희열과
선 하나의 휘어진 공간

호흡도 점 하나 선 하나를
피 뱉듯이 몰고 간다.

허울이야 웬만하면
드러난다 하더라도

정신이랑 마음자리
찍어내는 그게 큰 일

오뚝한 개성 하나가
지금 나를 응시한다.

공항로(空港路) · 안개

자욱한 빈 공간이
산더민 양 달려든다
불빛이 고물을 묻혀
쇳소리를 떨구며 가고
휘휘한 망사를 밟듯
횡단로를 건넌다.
갯내를 바퀴들이
둘둘 말아 끌고 간다
허울 벗듯 개여오는
팔차선 공항 대로여
무리져 떠나는 내 가슴에
얹혀가는 나의 시선.

제3부 들풀 소사(小史)

들풀 소사(小史) · 1
− 한(恨), 그리고 아픔

안개 속 땅덩이 하나
침몰하듯 가라앉는다
한 번은 떠난다 해도
지금 우린 썰물이고
거둬 일 곡진한 소임만
눈물로써 적시느니.

소용도는 하늘이다
쓰러져 묻혀 버린
질근질근 풀뿌리는
새살 들어 눈을 뜬다
그 보다 떠도는 회오리의
넋풀이는 밤을 날고.

피멍울 울멍 울멍
묵언(默言)은 지층을 가른다
꽃대를 거머쥔 바람
불지르는 진다홍을

선소리 목청 돋우던
평원 하나 누웠다.

들풀 소사(小史)·2
― 한(恨), 그리고 아픔

잠 안 자는 들풀들은
목놓아 울지 않는다
머릿결 빗어 올리며
서로 볼을 비비며
다둑여 일구는 여울
옥돌 깨듯 반짝이고 ―.

풀 위에 풀이 눕고
흙 위에 흙이 얹혀
싸하고 차게 흐르는
전류처럼 아파와도
들풀은 들풀끼리 엉기어
곤한 잠을 포갠다.

들풀 소사(小史) · 3
− 한(恨), 그리고 아픔

일순 바다 같은
고요가 밟으며 가고
무엇에도 기대일 수 없는
말을 잃은 역사 한 토막
아득한 둘레로 밀리며
억수 같은 비는 내리고…….

어디가 무엇이 되어
태어나랴 태어나랴
하늘과 땅의 입맞춤
온전한 혼줄인 날에
야생(野生)은 야생(野生)으로서
지평 열고 남느니.

들풀 소사(小史) · 4
− 한(恨), 그리고 아픔

무어라 치부되는가
바람의 뒷자국을
귀뿌리 세우잖아도
몸으로 뚝 뚝 듣네
하 그리 고꾸라지며
숨이 닳던 담금질을.

가슴 그리고 말문
상기 먼 통로 앞에
들풀은 저저마다
기를 세워 흔들어도
별 박힌 하늘만 대낄 뿐
더딘 밤에 이끌린다.

들풀 소사(小史) · 5
− 한(恨), 그리고 아픔

이미 떠난 시간의
뒷덜미를 낚아채며
카랑하게 걸린 공간을
해와 달이 밟는다
한밤엔 천둥과 번개가
회초린 양 후려치고…….

들꽃은 곱씹는다
잠을 잃은 긴 적막을
생각에 앞서 들풀은
눕고 또 일어서며
가다간 넘어지고 일어선
이저승이 서로 만난다.

외롭고 고된 흐름을
설레설레 흔들며
괴롭고 아픈 이웃을
고분고분 가라앉히며

갈래진 흠집을 떼어 두고
다시 둥둥 떠간다.

한이다 움직이는
큰악한 섬들이다
저저마다 가득 담길
설움의 광주리엔
풋풋한 아픔은 돋아서
기만년을 흐르리니.

들풀 소사(小史) · 6
― 한세월

바람과 햇살들이
허리띠를 풀고 앉아
흩어진 머릿결에
한참 빗질을 하다가
빈 들에 얹힌 햇살을
잘게잘게 썰고 있다.

회오리 바람결에
칼날을 쭈빗 세우다가
바람과 햇살을 눕히고
그 위에 포개어 누워도
눈 감고 기다리는 시간은
계산하지 않는다.

들풀 소사(小史)·7
―한세월

물 젖은 우일(雨日)엔
조용히 가슴을 닫고
지천으로 감수하는
질척질척한 습성
뿌리는 안으로 거두어
무한량과 입맞춘다.

서로는 깍지 끼고
젖어서 좋은 시간
살아서 듣는 아픔이
살로 뻗는 이 아픔이
그 하얀 미궁을 열고
온 적막을 흔든다.

들풀 소사(小史) · 8
— 한세월

풀에 뼈대가 있나
대쪽 같은 지조가 있나
두들기면 부서져도
꺾이잖는 삶의 힘줄
한참을 죽은 듯이 죽어도
깨어나는 더운 목숨.

더러는 선지(宣紙)의 먹물
뚝뚝 피가 스며도
삭이어 거둬들이곤
풀꽃으로 웃는 얼굴
살점이 살로 살지 못하듯
피는 피로 못 풀듯이……

들풀 소사(小史)·9
−한세월

서로의 가슴을 열어
어질고 둥글게만
애련은 애련을 덮고
슬픔은 슬픔으로 남아
한 시대 배어든 통증이
월컥 이는 역류여.

탓하지 않는다
대끼는 들풀들은
잎 속에 잎을 보이듯
내어 보인 뽀얀 손을
노을에 취한 한 때는
울고 싶고 웃고 싶고……

들풀 소사(小史)・10
- 한세월

어디서 쫓겨난
한 무더기 몸살들이
강변의 갈대밭에
입김을 풀고 있다
인적이 뚝 끊긴 곳에
뿌리 묻고 살리라고—.

잎들이 잎들끼리
칼을 가는 해질 녘은
푸득푸득 물오리도
짝을 지어 날아들고
등불이 멀리 떨고 있는
산마을도 보이잖고—.

들풀 소사(小史) · 11
— 한세월

비애도 생채기져
문어나는 땅거미의
알 수 없는 흐느낌이
스믈스믈 일어서고
어둠도 크고 너르면
바다같이 뜨는 걸까.

달빛 먹인 들판은
저승의 푸른 빛을
쓸쓸한 공간에다
박쥐 같은 혼을 풀어
풀 풀 풀 떠다니는 방황을
쑥물처럼 삼킨다.

법주사 운(韻)

－저녁 예불에

   해거름에 휘적휘적 오리숲을 걸어 호서제일가람(湖西第一伽藍) 금강문 사천왕문을 들어섰다
   별안간 귀가 멍멍 고요를 깨는 큰 북 소리, 큰 북 소리 천둥소리 천둥소리 큰 북 소리, 속리산이 둘레둘레 흔들리고, 소나무 굽은 가지에 바람이 일고, 대웅보전 원통보전 팔상전 능인전 할 것 없이 추녀 끝이 흔들리고, 추녀 끝이 흔들리는가 싶더니 집채가 저저마다 흔들리고, 법주사 전체가 학이 되어 깃을 치는가 싶더니 한 송이 연꽃이 되어 둥둥 떠오르기 시작한다, 법주사가 뜬다, 법주사가 뜬다, 법주사가 춤을 춘다, 법주사가 배가 되어 넘실거린다. 미륵불도 미소를 띤 채 덩실덩실 춤을 춘다. 속리산이 뜬다, 속리산이 뜬다, 속리산이 우줄우줄 춤을 춘다, 속리산이 허겁지겁 달려간다 큰 북 소리 천둥소리 천둥소리 큰 북 소리, －귀먹은 바위도 눈멀은 성좌도 지금 막 깨어나고
   이윽고 산도 절도 깃을 접고 적막 속에 앉는다.

화문석

국난의 회오리엔 섬이 자주 흔들렸다
아직도 나누인 아픔 잡힐 듯 서먹하지만
큰 소망 물살 두르고 무늬 놓는 꽃자리.
왕골의 겉대에 물들이는 꿈의 자투리
촘촘한 손끝에서 물 소리도 피워 내고
더러는 바다 바람도 살짝 싸서 매어 본다.
틀 앞에 둘이 앉아 세상살이 매운 얘기
오순도순 정도 묶고 눈물 그도 싸잡아서
사랑의 무지개를 지르면 그 이름은 화문석.
전등사 독경 소리 자리마다 눈을 뜨면
그제야 학이 날고 비오리도 물살 가르고
솔바람 귓결에 얹고 희(囍)자 위에 앉아 본다.
문득 대청 위에 예자아홉* 너를 펼치면
그 시절의 조선 선비 할아버님 기침 소리……
닷새장 새벽 흥정에 안개 걷는 강화여.

* 예자아홉 : 화문석의 치수를 나타내는 것으로 여섯자 아홉자의 뜻.

찬물에 세수해도
― 회억의 설날

귀 시린 새벽을 지고 복조리 외침 소리
대문 밖 산처럼 끌리던 지게 그림자
문 위에 내걸린 조리 속 지폐 그리고 성냥.
설친 잠도 설빔 탓에 첫닭 울면 눈이 떠져
찬물에 세수해도 대님처럼 파란 마음
색동옷 마을 안팎에 새기운은 감돌았다.
이마에 두 손 얹고 엉덩이 치켜올리고
손자의 절을 받는 증조 고조 할아버지
차례상 운감*하시나 창호지엔 밝은 어룽.
호사한 아이들은 깨금발로 나풀대며
나비 떼 엉기어 날듯 종가 산을 넘어가고
세배 뒤 덕담은 뒷전 세뱃돈만 만져졌다.
치솟는 윷가락에 울을 넘는 박장대소
한마당 멍석갈이 윷과 모엔 신바람이
널 뛰던 이웃 담장엔 절구 찧던 꽃댕기여.

* 운감(殞感) : 제사 때 차려 놓은 음식을 귀신이 맛봄.

제4부 봉함엽서

고요행(行)

소리 나지 않는 길을
몇 십리 쯤 걷고 싶다
찐득한 삶의 고비
눈 오는 적막을 지나
숲 되어 말문 여는 나무를
걸어가게 하고 싶다.
눈먼 이가 지피는 어둠
심중을 하나로 꿰뚫고
탈진한 눈빛에 앉아
손 놓은 그늘도 거두며
바다가 뒤집고 제치는 빛
그런 길을 갖고 싶다.

가을 초상
―아버님께

안경을 벗어주고 그가 간 지 꼭 사십 년
앙상한 가슴의 갈피 궂은 비는 늘 울었고
아들의 아들 딸에게 커단 멍에를 씌웠다.
거덜날 일조차도 없었던 생활의 늪
육이오는 마흔 해를 뇌리 속 바늘로 돋아
아흔이 가까운 어머니의 주름 속에 박혀 있다.
그가 건네 준 뼈대 하나 안목 두어 줄
붓 끝에 묻어 와서 묵정밭을 일군다
꼿꼿한 그가 살았다 해도 이미 기운 나이테.
남의 손에 복사돼 온 스무 살 적 그의 사진
인연도 죄다 끊긴 희미한 눈짓과 미소
뜨거움 월컥 쏟히기엔 정도 이제 다 낡았다.
무엇이 무엇이 되어 피가 도는 땅이 되랴
초혼으로 목이 잠긴 쓰디쓴 먼 그림자
향불도 사르지 못해 응시로만 굳어 있다.

늦가을 초상 · 1
―아버님께

날 저문 파도 소리 불끈 날을 세운다

골 깊은 구렁텅이 끝물의 잎이 지고

무방비 외풍을 받는 땅덩이가 죄어 온다.

손꼽아 셈을 굴려도 풀 수 없는 나의 수학

당신은 어떤 미적분 풀다 풀다 갔습니까

사랑도 순명도 닿지 못한 그 연유를 캐고 싶다.

견뎌 온 아픔만큼 맑아지는 피의 등불

눈물 방울 비칠 때마다 분사하는 혼의 불길

저승도 그냥은 못 간다 방황의 끝 떠돌이 별.

늦가을 초상 · 2
—아버님께

그의 눈시울 같은 등불이 켜지고

다갈색 옷 빛깔의 가을이 밤을 끌면

싸늘한 바람에 볼을 대며 별 하나에 눈을 준다.

옷소매 시린 아픔 무딘 사랑 탄주하는

곤한 숲엔 슬픈 얘기 가지 끝에 매어 놓고

또 다시 도지는 울음을 적막에게 던져 준다.

둥지의 깃이 떠는 가을 새 높은 요람

별이 자꾸 박혀 와서 눈빛을 밝혀 주고

하늘은 싸한 소리로 은하 한금 내려준다.

봉함 엽서
―아버님께

정매디 굵은 올은 눈물 적셔 건져 내고

곱맺힌 붓끝으로 밤을 풀어 엮어 가면

어느 새 받는 이의 하늘 저승 가는 한 마리 새.

골똘한 눈짓 하나 안개 속 묻혀 떠나고

무위 속 내력 한 끈 물레질로 자아내어

비단도 씨줄과 날줄 피륙으로 감긴 얘기.

한 번은 그 육필의 답을 받아 놀랄 가슴

장롱 밑 한 구석에 쪼그린 말문이여

이제는 바람결에 닳아진 죄다 바랜 봉함 엽서.

해인사(海印寺) 운(韻)

눈빛 속 가야산이 아침 세수 하고 있다

장삼에 이끌려 나온 골물소리 귀에 높고

풀다 만 불룩한 걸망 비늘 빚는 팔만장경.

별 · 1

태백의 씻긴 별을 품에 담쑥 안고 왔다

구절리 전별의 손 희끗희끗 구절초 꽃

증산역* 밤 깊은 해후 별이 총총 빛났다.

* 증산역 : 태백선에서 구절리행으로 나뉘는 역.

물소리 · 1

물소리 베고 누우면

별자리도 자리를 튼다

적막의 끝을 잡고

한 생각 종지로 밝히면

구천동(九千洞) 여문 물 소리가

산을 끌고 내려온다.

작은 스푼

감의 씨를
잘그시 쪼개면
작은 스푼 들어 있다

흙 속에 썩어지면
단물 들어
일용할 양식

내 죽어
내 영혼 은 스푼은
어느 땅 시로
태어나랴.

남도창(南道唱)

소리를 짚어지고

누가 영을 넘는가

이쯤해 혼을 축일

주막집도 있을 법 한데

목이 쉰

눈보라 소리가

산 같은 한을 옮긴다.

족자를 들추다가

공든 도배 해 바뀌니 어느덧 퇴색하다

족자를 들춘 자리 문득 파란 고 빛깔!

어쩌면 접어둔 마음 나와 나의 해후여.

비(碑)

헤진 숨결 끝내 모아 향 피워 올린 자국

눈 감을 머언 회귀 강물따라 덧없는데

뜻 모를 은혜는 이끼 영원에의 향수여.

업고로운 되새김도 영을 두고 재운 성좌

으르는 우레 잡아 누리 밝혀 가눈 가슴

마알간 침묵의 둘레 이명(耳鳴) 가만 흐른다.

오두막집행(行)·2
─화개(花開)골 K시인에게

댓잎 소리 먹고 살아 염소만한 갈색 수염
지리산 돌개울 물 두건인 양 이마에 감고
오두막 한 채 바람결에 고삐 잡혀 있었다.
어머니는 아들 벌침에 눈을 다시 굴리시고
소금을 아홉 번 구워 고수레하는 그의 생계
섬진강 귀 밝은 날엔 은어떼를 바라봤다.
외로움은 옹이로 굳은 쌍계사 입구의 바위
울퉁불퉁 심성을 삭혀 빚은 술의 살내음을
고로쇠 몇 사발 마시면 피도 맑아 오는가.
해질 무렵 천둥소리 노을 덮는 수만 되새
꽃 지고 무더운 밤 젖은 생각 달로 뜬다
칠칠한 연민을 길어다 헹궈 내는 엽서 한 장.

별의 말

― 백담사 앞 개울 바닥엔 크고 작은 조약돌로 만든 돌탑이 수백 개 서 있었다.

하늘물에 눈 닦은 금박의 별마당과

내설악 물에 씻겨 보살이 된 흰 조약돌

원력의 손엔 빈 바리때 뾰죽탑은 늘어 갔다.

장마 들면 거센 비질 탑이 온통 쓸려 가도

길손은 혼을 밝혀 탑은 다시 태어나고

쌓았다 헐리는 시간 속 별자리도 기울었다.

돌들이 돌을 깎아 빛을 끌어당긴다

만해 그 매운 눈빛 등줄기에 꽂아 두고

저물면 탑신이 걸어 나와 별의 말을 귀띔했다.

제5부 개다리 소반

민들레
― 한강변에서

등돌리고 어깨로 우는 역사라는 물결이었다

진흙뻘에 묻혔다가 잠을 턴 이른 아침

역류에 달군 눈물을 초록 위에 널고 있다.

생각조차 천대받아 비늘 뜨던 후진 유역

밤 하늘의 설운 성좌 밤을 나선 별나들이

봉사가 새 눈 뜨듯이 금싸락을 또 씻는다.

조각보

―김포 평야에 와서

이 아침 김 오르는 조각난 들판들이
뿔뿔이 달아나며 어디론가 떠나간다
흩어진 조각보를 모으듯 눈에 담는 김포평야.
슬프지 않은 들판들을 눈 시리게 바라본다
잃은 건 무엇이며 거둔 것은 또 무엇인가
다 낡은 조각보를 훑듯 바람결에 부친 눈물.
밥상은 상보에 덮여 이슥토록 윗목에서
오지 않는 아버님 위해 김 오르던 긴 침묵을
오늘은 며느리 상보 곁에 어머님은 아지랑이…….
아, 이제 곰실곰실 새살 돋는 김포평야
조각조각 깨어나며 봄신명을 자아 올리고
모두가 돌아온 잔칫상 차일 같은 흰 물살이…….

개다리 소반

늘 봐도 비실비실 지레 지쳐 굳은 상판

대접도 변변히 받지 못한 툇마루 끝

지금은 땟물 나는 거실 마른 꽃의 꽃받이로.

이름을 다시 달자면 그야 꽃사슴 다리

고봉밥, 술 한 대접, 풋나물, 자반 한 토막

그런 것 고작인 날에 개다린들 황송했지.

때 끼고 윤기 돌고 흠이 간 작은 소반

가다간 혈이 닿아 눈물 찔끔 한도 찔끔

발그레 일그러진 면상 먼 얼굴이 겹친다.

목기(木器)

칼 끝에 패인 자국 곰보마다 스민 때깔

손때는 묻다 못해 두툼하게 켜로 앉고

발그레 상기된 윤기 큰애기의 더운 사랑.

닦으면 닦을수록 살아나는 뽀얀 숨결

더러는 금이 가고 닳아서 비뚤어진

살 닿은 손잡이엔 체온 아직 다습다.

뒤주며 반닫이 이남박 함지박을

그슬린 등잔불 속에 시무룩한 빛이던 것들

남 몰래 볼멘 눈물도 어룽어룽 깨어난다.

인사동 설야(雪夜)

깊고 그윽한 숲
고려적 숨결이 인다
오백 년 손때 묻은
안상의 유품이여
눈 속에 눈 내리는 포구
막대 짚고 가는 길손.
고래등 같은 와가의
삐걱이는 대문 소리…….
청사초롱 불 쓴 밤에
비단치마 두어 자락
천 년이 한결로 맑은
까닭 모를 애환이여.

청복(淸福)

꽃샘이 관절에 앉아
온종일 보채고 있다
다도해 밀물이 와
방안 가득 풀어 놓은 고요
미닫이 물들이는 기운
아 옥양목 하얀 청복.
일상은 오지항아리
손때 묻은 장 항아리
음이월 동동 고추 뜨고
해동갑 동동 숯이 뜨고
보룡산 산머루 빛깔
고향 닮은 선조의 맛.
난이며 마루며 분합
어리어리 눈부셔라
골목을 메우는 소리
빨래줄에 제여금 바래어
때 없이 어룽이는 충만
하늘가엔 하늘 내음.

묵향가에 · 미닫이가에 · 1

싸락눈 귓결에 얹고
미닫이가에 먹을 갈면
화선지에 밟히는
새 소리 여울 소리…….
문갑엔 청빈의 물 무늬
스며 붉은 선비 숨결.
끈끈한 생활의 착지
거기 배인 한 가닥 미로
선지피 휘감겨
하늘문도 열어 보는
몸 채로 한 생을 적시면
할아버님 곧은 필법.
화문석 각장 장판
귀로 앉은 오리 연적
아버님 묵향 헤이며
방을 채워 감기는데
동양이 서리는 운무의 창
해가 뜨는 신변이여.

전등사

따슨 볕이 쪼아가는
돌담 무늬 석수 무늬
마흔 식후는 툇마루
바다가 덮히는 솔숲 소리…….
청청한
심경 내걸고
돌문 여는 마음 귀.
먼 바다 기진한 소금기
단청마저 떡잎 지고
기왓골 눈 감은 생각
옥등 앞에 개이던 경전
흰 물살
시방에 헹구어
황홀 속에 떠는 꽃술.

설악산 소묘 · 2

안으로 한 가닥 쥐고 하얗게 여위었다

품안에 가꾼 산울림에 귀가 자꾸 맑았다

이마가 서늘히 빛나던 아침 청솔 내음이 감돌았다.

불끈불끈 일어서는 심기를 눌러 앉혔다

숲 소리 바람 소리에 뒤늦게 삼동을 벗었다

동해의 소금기를 실은 구름장을 머리에 얹는다

청람색 바다

날들면 유순한 짐승
엎디어 코 고는 바다
새도록 귓전에 앉아
신곡(神曲)의 지옥편이더니
오늘은 넉넉히 물러앉아
조개껍질에 윤기를 낸다.
종일 흰 이를 보이며
소녀의 발자국만 쫓더니
해 지자 먹물 같은
장삼을 걸친 채
우주의 한 모퉁이를 허물며
짐승처럼 울었다.

강설(降雪)

온 밤을 맑게 씻어 세월 그가 짜는 비단

인간사 한 올 두 올 바디 되고 북이 되고

회한이 송구한 머리맡 구김 없는 앉음새여.

금쪽같이 중한 애정 그도 지금 소복하고

젊디 젊은 애환이며 조히 재운 머언 발치

삼라의 씨통을 흔들면 열반가의 말씀이……

만공(滿空)을 읽어 가듯 풀어 가는 자기 고발

훗날을 이르는가 전설은 쏟히는데

한뉘의 뜻을 불살라 다시 피는 섭리여.

눈 오는 저녁답

비워서 채워지는 적막 우는 저녁답

흰 뼈대 드러나도록 섬뜩 혼을 깎아 낸다

비잉빙 팔랑개비를 묶음으로 내던지며…….

젊은 좌절의 늪 그는 떠나 없는데

종이꽃 수만 송이가 일시에 눈을 뜬다

땅 밑을 흐르는 물 소리 다리 놓아 혈이 닿는.

앞 뒤로 차단 당한 폭군 앞의 한 점 입상

소리는 알 수 없어도 뭔가 귀담아 들리고

저 먼 곳 탐조등 불빛 선이 선을 자른다.

입추 주변

입추 지나자 서울은
호두처럼 여물었다
마른 눈빛도 가꾸고
고향 풀내도 앉는
인수봉 환한 이마에
가을이 끌리는 소리…….
하얗게 지피는 연륜
마흔 지나 내리는 풍요
한결 마음 얼굴에도
강물은 곁들여 타고
서늘한 철탑의 꼭지
둥지 트는 저녁답.

유년 회상
— 진천땅에

옥녀봉 감기는 눈발 신작로만 멀어 뵈고

달구지 타달 탈탈 긴 눈자국 이끌고서

사람도 나뭇짐도 가뭇이 어스름에 묻히던 곳.

솔뫼골 흰 두루미 미호천 씻고 가면

더욱 하얀 모래 둔덕 물빛 환한 자갈 바닥

옥양목 흰 방망이 소리 품안 가득 봄신명이……

오양산 들판 위에 가오리 연이 오르면

옷고름 두루막 자락 신행 가던 그 길목을

모토엔 옥색의 바람 깃털구름 떠갑니다.

해설 깊이 우러난 삶의 간추림, 그 정결(淨潔)의 미학
- 이상범 시조에 부쳐 -

신 범 순

서울대 교수

1. 옛 소리 가락의 새로움을 위하여

　새로운 시대를 눈앞에 두고 있다는 느낌이 전 세계적으로 확산되고 있다. 그것은 단지 연대기적으로 새로운 천년에 접어들었기 때문만은 아닐 것이다. 지금까지 발전시켜 왔던 문명의 여러 가지 모순이 더 이상 우리 모두를 견딜 수 없도록 하고 있으며, 그 변화의 양상은 이제 우리가 전혀 예상하지도 못했던 세계로 우리를 이끌어갈지도 모른다는 생각으로 몰고 가고 있다. 과연 앞으로 우리는 어떻게 살아가야 할 것인가 하는 문제가 하루하루의 생존보다 더 절실한 것이 되어 있는 것이다.
　우리의 전통을 통해서 이러한 미래를 탐색하려는 여러 시도들이 이러한 가운데 제기된다. 자연환경이 눈앞의 물

질적 이익을 위해 끊임없이 파괴되어 가는 오늘날 자연과 더불어 풍류의 미학을 살았던 옛날의 정신이 다시금 새롭게 느껴지고 있는 것이다. 그러한 옛 정신이 앞으로 어떠한 모습으로 되살아나야 할 것인지에 대해 많은 고민과 모색이 있어야 할 것이다. 우리는 사실 그로부터 너무 멀리 벗어나 그 옛 정신의 존재들과는 다른 이방인으로 남아있기 때문이다.

문학적 전통에서 오늘날까지 그 생명력을 줄기차게 이어오는 시조(時調)에 대해서도 비슷한 말을 할 수 있다. 우리는 이제 어떻게 보면 너무 상투적으로 보이는 옛 시조의 비유나 상징들이 지니고 있는 삶의 깊이와 사상적 생동감을 느끼지 못하게 되었다. 그러한 것들에 자연스럽게 뿌리를 내릴 수 있는 형이상학적 체계와 그것으로 만들어낸 삶의 형식들을 이제는 너무나 멀리서 바라볼 뿐이다. 오늘날 그러한 사상체계들은 모두 사라졌으며, 점점 더 인공화되는 문명의 깊은 늪 속으로 모두 가라앉아 가고 있는 그 몰락의 깊이 위에 그러한 것들은 아련한 달처럼 떠 있다. 이 우울한 시대에 문학은 새롭게 시작해야 할 것이다. 지금까지의 개인적인 작업들을 통합해가면서 자연의 심오한 질서에 자연스런 생명의 흐름으로 동참할 수 있도록 말이다. 개인적인 자유의 모서리들은 둥글게 말아져 그 거대한 강물 속에서 흐를 수 있어야 할 것이다.

시조는 우리의 정신적 전통 속에서 유일하게 과거로부

터 흘러내리는 형식 중의 하나이다. 그것은 비록 많이 달라진 모습이긴 해도 여전히 '자연과의 친화'라는 근본적인 주제를 잊은 적이 없다. "산절로 수절로 산수간에 나도 절로"라는 옛 시조의 중심 주제(내용과 형식에서)는 아무리 현대적으로 자유시와 가깝게 변할지라도 완강하게 시조의 경계선으로 남아있는 것이다. 이 경계선을 넘을 때 시조는 부서져서 현대적인 자유시가 된다.

현대시조는 이미 그 자체가 전통과 현대의 부딪침과 갈등을 고스란히 그 안에 담고 있다. 그러한 갈등을 잘 해결해 가는 것이야말로 우리 시조 시인들의 막중한 임무인 것이다. 시인들의 연배가 밑으로 내려갈수록 이 갈등은 미약해지고 점차 전통에 대한 포기가 눈에 띤다. 시조시인들의 노대가들은 이에 대해 비판적이다. 세대간의 이러한 차이는 어디에도 있기 마련이지만 진정으로 이 문제를 해결하기 위해서는 미래에 대한 광범위한 전환적 전망과 함께 해야 하리라 생각한다. 앞으로 시조 양식이 새롭게 두드러진 모습을 어떻게 드러낼 수 있을지 기대하며 기다려볼 때이다.

이상범의 시조들은 결국에는 자신의 한 개인적인 삶에 대한 애착과 통찰이라는 면에서 현대시적인 면모를 벗어나지 않는다. 그것은 오늘날 시인이라면 누구나 가져야 할 현대적 토대일 것이다. 그러나 그의 시들을 읽어보면 너무나 매끄럽게 그 안으로 빨려들어가는 것을 느끼지 않을 수 없다. 그의 개인적인 아픔과 고뇌, 기쁨과 슬픔, 황홀한 감각이나 가볍고 무거운 감각들이 그만이 지닌 언어를 쓰면서도 우리를 낯선 이방인으로 밀어내지 않는 것이다. 다른 시조 시인들의 시에서 보기 힘든 이 부드러운 매끄러움은 과연 어떻게 해서 생긴 것일까? 이러한 부분은 현대시조의 미학적 성취라는 면에서 매우 중요하다. 이제 시조는 이러한 미학들을 새롭게 구축하지 않고는 그 생명력을 보장받을 수 없는 시대에 놓여져 있기 때문이다.

이상범의 시조들에서 우선 다가오는 것은 '아름다운 아픔'이라는 주제이다. 그는 "아픈 시가 눈뜨는 곳"(「오두막집」에서)이라고 말하며, 눈물보다 밝은 하늘 빛(「가을 손」)에 대해 말한다. 그의 시는 따로 만들어지지 않는다. 그의 삶 자체 속에서 그가 만나는 것들과 살아가면서 그러한 것들 가운데서 깨어나는 어떤 것이다. 그의 삶은 고뇌와 고통의 파도에 뒤채이며 아득한 죽음으로 가라앉는 것이지만 거기서 다시 솟구치는 아름다움이 있다. 그것이야말로 삶의 모든 괴로움들을 우려내서 만들어낸 미학적 결정체이다. 그가 "감의 씨를/ 잘그시 쪼개면/ 작은 스푼 들어 있다"(「작은 스푼」에서)라고 했을 때의 그 '씨앗'이며 '스푼'이 바로 그것이다. 이 멀리 떨어진 두 가지 대상의 만남은 초현실주의적인 놀람으로 보일 정도이다. 그러나 이상범에게는 그것이 자동기술적인 우연에 의한 것이 아니다. 삶을 지탱해야 할 양식(糧食 : 일용할 양식)에 대한 그의 천착은

의중깊은 것이며 지속적인 것이다. 그가 먹고 살아가야 할 '씨앗'은 어떻게 살아가야 할 것인가 하는 삶의 양식(樣式)에 대한 문제이기도 하다. 그래서 한 예술가의 인생은 이러한 문제를 짊어지고 있게 되는 것이다.

> 소리를 짊어지고
>
> 누가 영을 넘는가
>
> 이쯤해 혼을 축일
>
> 주막집도 있을 법 한데
>
> 목이 쉰
>
> 눈보라 소리가
>
> 산 같은 한을 옮긴다.
>
> ― 「남도창(南道唱)」

소릿 광대(廣大)의 한많은 인생이 "목이 쉰// 눈보라 소리"에 담겨있다. 그 산처럼 쌓인 한을 옮겨가면서 광대는 살아간다. 소리를 짊어진 인생은 그에게 과연 무엇인가?

그리고 그것은 우리에게 과연 무엇이란 말인가? 식민지 시대에 김영랑은 모란꽃을 기르면서 당대의 절창인 이화중선의 창을 들으며 그 아픈 삶에 활력을 주곤 했다. '모란'과 '소리'는 그에게 무엇이었을까? 장미와 기계적인 중얼거림 같은 노래들이 그러한 것들을 몰아낸 이 마당에 우리에게 그러한 것들은 어떠한 것일까? 절절한 설움과 가슴 저미는 한(恨)에 삶의 기름진 촉기(燭氣)를 집어넣은 것을 영랑은 그 남도창에서 발견했던 것이다. 그는 그 소리에서 인생의 어두운 것들을 구원하는 힘이 구성지게 생동하는 것을 느꼈었다. 소리 예술은 광대들이 자신의 한을 끌고 다니면서 그러한 가난을 인생과 자연의 풍요로움으로 감쌌으며, 자신의 예술적 혼이 자신의 그러한 인생을 소리가락 속에서 부드럽게 다시 껴안을 수 있도록 솟구치게 했다. 이상범 역시 이러한 한의 소리 가락을 이어받는다. 그의 시적 영혼은 어느 정도로는 광대의 현대적 영혼이다. "눈 내리는 밤엔/ 변두리행 버스를 타자"(「오두막집행(行)」에서)라고 그가 노래하며, "소리나지 않는 길을/ 몇 십리쯤 걷고 싶다"(「고요행(行)」에서)라고 하며, "해거름에 휘적휘적 오리숲을 걸어 호서제일가람(湖西第一伽藍) 금강문 사천왕문을 들어섰다"(「법주사 운(韻)」에서)라고 할 때 그는 운명적인 떠돌이 예술가이다. 「법주사 운(韻)」은 광대의 창을 그대로 이어받은 확장된 현대적 사설시조이다.

별안간 귀가 멍멍 고요를 깨는 큰 북 소리, 큰 북 소리 천둥 소리 천둥소리 큰 북 소리, 속리산이 둘레둘레 흔들리고, 소나무 굽은 가지에 바람이 일고, 대웅보전 원통보전 팔상전 능인전 할 것 없이 추녀 끝이 흔들리고, 추녀 끝이 흔들리는가 싶더니 집채가 저저마다 흔들리고, 법주사 전체가 학이 되어 깃을 치는가 싶더니 한 송이 연꽃이 되어 둥둥 떠오르기 시작한다, 법주사가 뜬다, 법주사가 뜬다, 법주사가 춤을 춘다, 법주사가 배가 되어 넘실거린다. 미륵불도 미소를 띤 채 덩실덩실 춤을 춘다. 속리산이 뜬다, 속리산이 뜬다, 속리산이 우줄우줄 춤을 춘다, 속리산이 허겁지겁 달려간다 큰 북 소리 천둥소리 천둥소리 큰 북 소리, ―귀먹은 바위도 눈멀은 성좌도 지금 막 깨어나고

　이윽고 산도 절도 깃을 접고 적막 속에 앉는다.

　저녁 예불 시간에 울리는 북소리를 듣고 시인은 그 소리의 고동을 절과 산 전체 속으로 스며들게 했다. 그 소리에 모든 것을 우줄거리며 신명나는 춤을 추는 춤판으로 이끌고 가는 이 시의 가락은 분명 광대의 가락이다. 그 북소리에 모든 것이 함께 울리게 하는 시인의 미묘한 상상력은 그러한 광대의 가락을 만나서 신명나는 노래를 만들 수 있었다. 시조(時調)라는 것이 본래 이러한 노래였음이 이러한 부분에서 다시금 회상된다. 한 장르는 그것이 태어날 때의 원초적인 장면들을 언제나 간직하고 있음이 여기

서 확인된다.

2. 슬픈 현대 역사의 한 맺힌 삶에 대하여

이상범 시인은 동학혁명과 육이오를 노래하기도 한다. 그가 역사인식을 거론한다거나 현실참여를 외친다거나 하는 것들과 거리를 두고 있지만 그에게는 그러한 야망 이전에 가족사적인 얽힘이 있는 것이다. 이 비극적인 역사에 그의 가문이 얽혀들었으며 거기서 생긴 비극을 시인은 떠안으며 자라났고 살아갔다. 필자는 그 뼈아픈 담담한 고백을 어느 술자리에서 들은 적이 있다. "안경을 벗어주고 그가 간 지 꼭 사십 년/ 앙상한 가슴의 갈피 궂은 비는 늘 울었고/ 아들의 아들 딸에게 커단 멍에를 씌웠다"(「가을 초상」에서)라고 그가 말하는 것은 허구적인 것만은 아니다. 그가 이어받은 우리 현대사의 비극적 한은 그의 시를 일구는 직접적인 동기이기도 하다. "그가 건네 준 뼈대 하나 안목 두어 줄/ 붓 끝에 묻어 와서 묵정밭을 일군다"(위의 시)라고 한 것에서 그것을 알 수 있다. 아버지의 뼈로 글을 쓴다는 것, 그것은 그 비극의 역사가 삶으로 된 곳에서 시를 쓰는 것임을 의미한다. 그의 「역사 견문록·1」은 그의 윗 조상에 얽힌 내력을 그 배경에 담고 있다. "역사란 승자의 몫 죽은 자는 죄도 죽고/ 후대의 가슴에 남아 울음 우는 그날의 말/ 절통한 이 땅의 쑥물 대접으로 들이

킨다"(「역사견문록·1」에서)라고 씁쓸하게 노래할 수 있는 것은 자신의 삶 속에 그 핏줄기가 흐르기 때문이다.

  이상범은 자신의 가계(家系)가 어쩔 수 없이 떠안고 있는 이 비극을 삶의 원초적인 질료로 삼고 있다. 그의 시적 상상력은 이러한 아픔을 이 땅의 보편적인 삶의 양식 속에서 역사적 의미를 확장시키고자 한다. 「억새밭의 백서」는 제주도의 4·3사건을 다루고 있으며 그의 「들풀 소사(小史)」 연작은 이러한 주제를 삶의 일반적인 주제로 승화시킨 것이다. 이 연작시들에서 그의 한은 보편적인 한으로 승화된다.

    안개 속 땅덩이 하나
    침몰하듯 가라앉는다
    한 번은 떠난도 해도
    지금 우린 썰물이고
    거둬 일 곡진한 소임만
    눈물로써 적시느니.

    소용도는 하늘이다
    쓰러져 묻혀 버린
    질근질근 풀뿌리는
    새살 들어 눈을 뜬다
    그 보다 떠도는 회오리의

넋풀이는 밤을 날고,

피멍울 울멍 울멍
묵언(默言)은 지층을 가른다
꽃대를 거머쥔 바람
불지르는 진다홍을
선소리 목청 돋우던
평원 하나 누웠다.

— 「들풀 소사(小史)·1」

 "한(恨), 그리고 아픔"이라는 부제를 지니고 있는 이 시는 흔히 민중을 민초(民草)라고 부르는 상투적인 비유에 기대고 있다. 민중의 삶 일반을 한 많은 삶이라고 하는 것은 상식적인 것이지만 이상범에게 이것은 자신의 절실한 사연을 담고 있는 것이 된다. 풀뿌리는 질기게 지층에 남아있지만 그 한 철의 생명은 계속해서 죽는 덧없는 삶의 흔적들로 남을 뿐이다. 밤의 어둠 속에 날아다니는 "떠도는 회오리의 넋풀이"에서 그 흔적을 찾아야 하는 것은 시인의 몫이다. 핏빛의 그 한 많은 소리가 선소리로 "목청 돋우던 평원"을 시인은 자신의 넋을 불러온 그 한 서린 넋과 함께 떠돈다. 그것은 그 풀뿌리들이 그 평원의 지층에서 서로 깍지끼고 무한과 입맞춤하는 것(「들풀 소사(小史)·7」에서)을 생각할 때 진정한 예술이 된다. 이상범은 민중적인 한 서린 삶의 낮은 차원을 바라보는 것으로 그치지 않고 옛날의 그 광대처럼 인생과 세상에 대한 깊은 깨달음으로 나아간다. 그 한 서린 인생은 '인생의 미궁'(「들풀 소사(小史)·7」)을 마주하게 한다. 여기서 비천한 인생은 영웅적인 인생이 된다. 즉 가장 커다란 수수께끼를 마주할 수 있도록 하며 그의 고난은 오히려 세상을 구하기 위한 적극적인 것으로 변화할 수 있는 가능성으로 된다. '풀'은 여러 가지 삶의 양식 가운데서도 특이하게 높은 수준의 한 형태를 만들어낸다. "풀에 뼈대가 있나/ 대쪽 같은 지조가 있나/ 두들기면 부서져도/ 꺾이잖는 삶의 힘줄/ 한참을 죽은 듯이 죽어도/ 깨어나는 더운 목숨"(「들풀 소사(小史)·8」에서)이라고 했듯이 그것은 선비적인 정신과는 또 다른 삶의 끈질긴 한 형식을 보여준다. 끊어질 듯 하면서도 이어지는 광대패들의 소리, 가장 고통어린 삶 속에서도 영랑이 '촉기'라고 불렀던 그 유려한 가락을 뽑아낼 수 있었던 그 예술적 경지가 이러한 삶의 깊이 속에 숨어있다.

3. 살아남는 영원을 간직하는 언어들

「인사동 설야(雪夜)」에서 이상범은 오래 남은 것들의 수풀에 대해, 거기 깃들었던 삶의 자취에 대해 말한다. '고려적 숨결'을 내뿜는 인사동 거리의 골동품들은 오래된 정겨움을 만들어낸다. 지난 것들 중에 우리를 위안하는 정겨운 것들이 있다는 것은 얼마나 즐거운 일인가. 이상범은 조계사 앞 건물 꼭대기에서 우리의 시조를 지키고 있는 그 작은 사무실에서 일어나 저녁의 어스름한 인사동 거리로 나오곤 한다. 시조와 인사동의 유품들은 이렇게 해서 서로 만난다. 그 영혼의 미묘한 깊이를 서로 나누어 갖는다. '삐걱이는 대문'들이 거기의 음식점들에 있고 그는 절로 '막대 짚고 가는 길손'이 된다. 천년이 한결같았던 이 오랜 삶은 이제 그 자체만으로도 예술품이 되었다. 이상범은 그 삶의 향기를 다시 우리의 언어 속에 퍼뜨리고 싶은 것이다. '항아리'는 아마도 우리가 그 안에 영원을 담고 가야할 운명적인 그릇일 것이다. 그것이 없어지면 우리의 옛날은 완전히 우리로부터 종언을 고한 것이 되리라.

> 아 옥양목 하얀 청복.
> 일상은 오지 항아리
> 손때 묻은 장 항아리
> 음이월 동동 고추 뜨고
> 해동갑 동동 숯이 뜨고
>
> — 「청복(淸福)」 부분

우리 선조의 맛인 이 장은 항아리의 맛이다. 우리의 정신이 깃든 맛, 우리는 그 장독대를 신성한 공간으로 여겼

으며 신을 모시고 기도처로 삼았다. 위 시는 그 항아리가 우리의 일상이었음을 말해준다. 우리의 손때가 묻은 그 장항아리 속에는 우리의 삶이 담겨있다. 푹 익혀서 세월의 자연스러운 맛이 스며들게 되는 그것이야말로 우리의 삶에 스민 자연의 미학이다. 그 소박한 것이 시인에게는 빛나는 미학이다. 그래서 이 시의 마지막에서 "어리어리 눈부셔라"라고 감탄하는 것이다.

 이 소박한 미학을 그는 「개다리 소반」이나 「목기」, 「화문석」, 「귀뚜리 산조」 같은 시들에서 발전시켰다. 그 소박함이 "칼끝에 패인 자국 곰보마다 스민 태깔"(「목기」에서) 이라거나 "늘 봐도 비실비실 지레 지쳐 굳은 상판"(「개다리 소반」에서)이라고 읊어질 때 우리는 거기서 서민적인 소박함의 미학을 보게 된다. 꾸밈없는 질박(質朴)함이 이러한 목기들에서 박(樸)의 본래 의미를 드러낸다. 시인에게 이러한 목기들에는 가난했던 서민들의 삶이 스며있다. 가난하지만 그 삶은 순수한 살결을 꾸밈없이 드러내기 때문에 오히려 시인에게 찬양된다. "손때는 묻다 못해 두툼하게 켜로 앉고/ 발그레 상기된 윤기 큰 애기의 더운 사랑"(「목기」에서)에서 보듯 거기에는 여유를 부리지 못하는 생활이 있고 그 바쁜 생활의 때를 어찌하지 못하는 세월이 있다. 그 숨결을 시인은 목기에서 찾아내고 싶은 것이다. 거기에 담긴 눈물의 사연도 듣고 싶은 것이다. 「개다리 소반」은 그 눈물을 말하지만 이미 그 슬픔을 멀리 초

월한 서민적 웃음을 담은 가볍고 쾌활한 말들로 이어나간다. 그는 이 시에서 시조의 한 경지를 가장 높은 수준에서 보여준다.

> 늘 봐도 비실비실 지레 지쳐 굳은 상판
>
> 대접도 변변히 받지 못한 툇마루 끝
>
> 지금은 땟물 나는 거실 마른 꽃의 꽃밭이로
>
> 이름을 다시 달자면 그야 꽃사슴 다리
>
> 고봉밥, 술 한 대접, 풋나물, 자반 한 토막
>
> 그런 것 고작인 날에 개다린들 황송했지.
>
> 때 끼고 윤기 돌고 홈이 간 작은 소반
>
> 가다간 혈이 닿아 눈물 찔끔 한도 찔끔
>
> 발그레 일그러진 면상 먼 얼굴이 겹친다.
> － 「개다리 소반」 온마디

의인화 기법은 이 소반의 경력을 극화시키기에 적절히

활용되었다. '개다리'라는 말로 희극적인 의인화는 서민적인 생활의 아픔을 경쾌하게 변용시킨다. 그러한 아픔의 먼 얼굴이 지금은 꽃병 받침으로 쓰이는 거기 남아있다. 물론 시인의 멀리 보는 눈에만 그렇지만 말이다.

「화문석」은 강화도의 특산물인 화문석을 노래한 것이다. 하지만 그것은 어느 틈에 화문석만에 대해 노래하는 것이 아니라 옛날의 다정다감하게 많은 것들을 아우르면서도 동시에 꼼꼼하고 맵시 있던 우리 삶의 일반적인 미학에 대해 노래하고 있다. 그것은 침략을 당한 가운데에서도 사라지지 않고 끈질기게 그 맥을 이어오는 우리의 미학이다. 시인은 그 아픔과 소망, 물과 산의 자연스러운 소리들, 우리 삶의 깊이에 흘러내리는 소리들이 그것들을 만들어내는 풍경들과 함께 엮어지는 것을 본다.

「동제(洞祭)」야말로 이러한 전통적인 정신의 강력한 중심이자 뿌리에 대해서 말하는 것이고 그것이 우리 삶 전반에 걸쳐 어떻게 뛰어 놀고 있는지를 말해주는 작품이다. 그것은 무당의 굿거리를 두고 서술된 것이지만 그것이 소재적인 풍속의 차원에 그치는 것은 아니다. 시인의 눈에서 그것은 낡은 풍속의 재현이라는 면모를 뛰어넘어 그것의 기원(起源)에서 솟구치는 신성함을 향한다.

    바람은 솟대 끝에 하늘 귀를 열어 놓고
    제삿상 돼지머리 고기로 받쳐 웃고 있는

> 매달린 흰 천의 가지 천천히 눈 내린다.
> 귓부리 추운 하오 축문 또한 떨고 있고
> 무당의 칼끝에 베어지는 온갖 부정
> 큰절을 올리는 머리맡 지폐 또한 쌓여가고……
> 마을 안녕 고을 안녕 나라 안녕 싸잡아서
> 기원이야 입김에 실려 허공 중에 입적하고
> 고목은 앙상한 뼈대 겨울 하늘 이고 있다.
> 시루에 얹힌 촛불 귀신길을 천도하고
> 응감하는 기운 돌아 온 마을이 잠겨 있다
> 소지는 하늘의 언 별 몇 개쯤 눈 띄울까.
>
> ―「동제」 온마디

 이제는 오늘날 미신으로 치부되는 무속의 한 형태로서 이 동제가 서술되는데 무당의 신통력은 분명하게 나타난다. 응감하는 기운이 돌아 온 마을에 잠겨 있다고 그는 말하는 것이다. 추운 날씨에도 불구하고 베풀어지는 이 행사는 그의 시에서는 드물게 신중한 어조로 일관된다. 이 정신적인 중심에 대해 그것이 무속이든 다른 어느 것이든 이야기되지 않았다면 이상범의 시조는 약간은 공허해지지 않았을까? 결국 전통적인 것에 대한 탐색은 민중적인 삶의 한 특질이거나 그것의 예술적 형식에 그쳐서는 공허한 것이다. 그 전체를 묶는 강력한 정신적 중심에서 삶의 밑바닥까지 스며들어가서 우리의 풍속과 일상의 이야기들이

뛰놀게 되는 것이다. 마치 태양처럼 이글대는 정신적 에너지의 중심이 있지 않다면 어떠한 풀들의 잎이나 뿌리도 있을 수 없었을 것이다. 시인도 「캐리커처」에서 바로 그 정신의 자리에 대해 말하고 있다. "정신이랑 마음자리/ 찍어내는 그게 큰 일"이라고 하였던 것이다.

4. 정결(淨潔)의 미학

이상범의 시조들은 우리 언어의 현대적 정황에서 볼 때 하나의 파수꾼 같은 위치를 지닌다. 그는 관념적인 어투들을 쓰지 않고서도 사상의 깊이를 들여다 볼 줄 안다. 그리고 현대적인 기교를 부리지 않으면서도 새로운 언어의 맛깔스러움을 창조해낸다. 그의 언어들은 가령 "산냄새 살냄새 사이/시집들이 키를 재는/ 고뇌도 갈색으로 익어"라고 하는 데서 볼 수 있듯이 쉬운 말로 사유의 깊은 곳을 들여다본다. 산과 살의 사이는 오두막집에서 생긴 것이다. 이 사이에서 만들어지는 미묘한 사유와 감각, 상상의 오고감에 대해 이 시는 말한다. '아픈 시'가 거기서 눈을 뜬다. 그 집은 바로 시인의 집이다. 멀리 떠남으로써 확보한 공간, 그러나 완전히 산에 묻힐 수 없는 그 공간은 미친 듯한 바람이 산자락을 흔들 때 아픈 공간이 된다.

이러한 외진 공간은 그의 시를 위한 날카로운 의식과 감각이 꽃잎을 펴는 곳이다. 변두리에서 활짝 피는 그 꽃은 바로 새로 탄생하는 시적 언어들이다. "몸으로 피는 꽃은/ 몸으로 말을 건넨다"(「꽃・화두(話頭)」에서). 하늘의 온갖 기운들이 거기 모여든다. 가장 순수한 것으로 결정되는 그 꽃은 일상적인 언어들이 정결하게 되어 그 모든 때를 벗기는 곳이다. 그것은 '영혼을 씻은 노래'(「원경(遠景)의 바다」에서)인 것이다. 소녀의 사랑과 고백은 바로 그러한 순결한 언어들로 이루어진다. 그는 소녀와 바다를 결합하여 시인의 순수한 마음을 거기서 발견한다. 모든 것들은 그곳에서 부서져야 한다.

부서지고 싶었느니라 부서지고 싶었느니라.

열망은 물으로 물으로만 승화해도

제 모를 가슴을 뒤쳐 말긋말긋 흐르더니라.
— 「원경(遠景)의 바다」 부분

꿈꾸는 소녀의 귀밑머리 같이 출렁이는 파도의 노래에 시인은 홀려들어 간다. 그 노래의 마력에 그는 빨려들어 가며 일상의 존재를 파멸시킨다. 이 노래의 요정은 언어들 속에 살고 있다. 그 언어들의 물 속으로 깊이 무겁게 들어가야 비로소 그 요정의 혼을 만날 수 있다. 조약돌을 던져 물 속에 가라앉듯 우리는 언어 속으로 가라앉아야 한다. 그리하여 '속 깊은 무게'가 되어야 하고 그리하여 "우리가 일군 여울의 밑창쯤에/ 비로소 우는 풀벌레……"(「대화」에서)를 알 수 있어야 하는 것이다. 「가을 손」은 그렇게 아름답고 투명한 깊이로 가득한 언어들이 반짝이며 모여서 노래하는 그러한 시이다.

그렇지만 여기서 어떤 것도 인위적으로 그렇게 되었다는 느낌은 전혀 없다. 하나의 언어에서 다른 언어로 이어지는 흐름은 매우 자연스럽다. 마치 투명한 물이 흐르듯이 모든 말들은 편안하고 서로 정답게 어울리며 서로 메아리 치듯이 감정과 사연들을 나누어 갖는다. 아마도 이상범의 시학은 이 시에서 가장 전형적인 모습으로 한 꼭지점을 만들어낸 것 같다. 우리는 즐겁고 편안하게 그 언어의 자연 속으로 들어갈 수 있을 것이다.

> 비워 둔 항아리에 소리들이 모입니다
>
> 눈발 같은 이야기가 정갈하게 씻깁니다
>
> 거둘 것 없는 마음이 억새꽃을 흩습니다
>
> 풀향기 같은 성좌가 머리 위에 얹힙니다
> ―「가을 손」부분

여기에도 우리가 앞에서 말했던 그 '항아리'가 놓여있다. 소리를 모으는 항아리는 비워둔 항아리이다. 가을날에 비어있는 공간, 항아리처럼 풍만하게 또 자연과 자연스럽게 교류하며 모든 것을 담아 익히는 그러한 공간이 그것 말고 어디 또 있을 것인가? 거기 우리의 말들을 담을 수 있다면 그것은 그대로 시가 될 수 있을 것이다. 눈발 같은 이야기를 정갈하게 씻어내는 이 항아리는 우리의 마음, 고요히 텅 빈 마음 자리를 가리킨다. 거기에 하늘의 성좌가 내려오고 모든 것을 용서할 수 있는 것도 그렇게 비어있기 때문이다.

우리의 시조가 걸어온 길에서 이상범은 외롭지만 순결하게 순교자로서 손색이 없을 정도로 자신의 물질적 존재와 영혼을 바쳤다. 그는 한국시조의 간판을 내걸며 가난한 시조인들의 발걸음을 붙잡아 주고, 우리 언어 속에 옛 정신의 혼을 메아리치게 하면서 새로운 미학을 가다듬어 나갔다. 그의 이러한 작업은 그만을 위한 것이 아니다. 다른 시조시인들의 운명과도 같이 그리고 우리의 전통적인 예술들의 운명과도 같이 거기에는 우리의 미래에 우리는 어떠한 삶을 가질 수 있을까 하는 것에 대해 고뇌하지 않을 수 없는 많은 사람들의 운명이 함께 하고 있다. 이상범의 시조는 이러한 측면에서 여전히 살아서 우리를 격려하고 미래로 이끌어가려는 우리의 전통적인 정신의 끈질긴 힘을 간직하고 있다. 그것은 수천 년을 살아온 것이며 새로운 방식으로 또한 우리를 지키면서 앞으로도 오랫동안 생명을 나누어주어야 할 정신적 힘인 것이다.

이상범 연보

1935년 충북 진천 출생.
1961년 육군 소위로 임관(육군 보병학교).
1963년 시조문학지에 「비(碑)」로 3회 추천 완료.
1964년 문공부 주최 예총주관 제3회 신인예술상에 시조 「빙하사(氷河史)」로 신인문학상 수석상 수상.
1964년 제1회 이상범 시화전 개최. 이상범 중위(시조), 김인중(金寅中) 소위(그림·신부(神父) 화가), 장소·의정부.
1965년 조선일보 신춘문예에 시조 「일식권(日蝕圈)」으로 당선.
1967년 첫 시조집 『일식권(日蝕圈)』(금자각)에서 육필(肉筆)로 출간.
1969년 제2회 이상범 시화전·대위 시절 포천 일동에서 본인이 시·서·화.
1973년 제3회 이상범 시화전·소령 시절 대구 백화점 화랑에서 본인이 시·서·화.
1976년 제2시조집 『가을 입문(入門)』(분도출판사) 출간.
         한국시조시인협회 이사로 피선.
1977년 한국문인협회 이사로 피선.
         육군 소령으로 국군 의무사령부에서 예편함.
         한국 외환은행 조사역으로 입행.
1979년 제3시조집 『묵향가에·미닫이가에』(우석출판사) 출간.

1980년　제4시조집(선집)『아, 지상은 빛나는 소멸』(문학신조사) 출간.

1983년　한국문학사 시행 제4회 정운시조 문학상을 시조「꽃・화두(話頭)」로 수상.

1984년　한국문인협회 시조분과 회장에 피선.

1985년　제5시조집『꽃・화두(話頭)』(영어문화사) 출간.
한국문인협회 제정 제22회 한국문학상을 시조집『꽃・화두(話頭)』로 수상.

1987년　이상범 난시소품전(蘭詩小品展)(시・서・화)을 하늘공원(을지로 입구)에서 개최.
제6시조집(난(蘭)시화집)『하늘의 입김・땅의 숨결』(청담문학사) 출간.

1989년　제7시조집(선집)『시(詩)가 이 지상에 남아』(청학출판사) 출간.
중앙일보사 제정 제8회 중앙시조대상에 작품「나무, 그리고 목례(目禮)」로 대상을 수상.
한국문인협회 시조분과 회장에 재선.

1990년　제8시조집『내 영혼 은(銀) 스푼은』(민족과문학사) 출간.

1991년　제9시조집(선집)『하늘 아래 작은 집』(토방출판사) 출간.
한국시조시인협회 회장으로 피선.

1993년　제10시조집『고요 시법(詩法)』(토방출판사) 출간.
외환은행에서 정년 퇴직.

1994년　동명사 제정 제10회 육당시조문학상 창작부문 대상을 수상.

1995년　자연을 소재로 한 이상범 소품전・서울 인사갤러리에서 개최.

	제11시조집(시화) 『오두막집행(行)』(토방출판사) 출간.
	이호우기념사업회 제정 제4회 이호우시조문학상 수상.
	펜클럽 한국본부 이사로 선임.
1997년	제12시조집(선집) 『별』(동학사) 출간.
1999년	문학사상사 제정 '99 가람시조문학상 수상
2000년	제13시조집 『신전의 가을』(동학사) 출간.
현 재	『한국시조』 발행인・토방출판사 주간.

참고문헌

이근배, 「체험과 관조-이상범의 시조」, 『가을입문』, 분도출판사, 1976.
박재삼, 「형식미에의 승리」, 『묵향가에·미닫이가에』, 우석출판사, 1979.
이근배, 「정통성의 회복-이상범의 인간과 시적 기조」, 『아, 지상은 빛나는 소멸』, 문학신조사, 1980.
조남현, 「들풀에의 애정과 희망」, 『꽃·화두』, 영언문화사, 1987.
서 벌, 「살아있는 시대정신, 그 저력의 가락」, 『시가 이 지상에 남아』, 청학출판사, 1989.
서 벌, 「녹원(綠源) 내부의 시계, 그 시간의 의미들」, 『시가 이 지상에 남아』, 청학출판사, 1989.
오세영, 「폭넓은 삶의 인식과 시의 순결성」, 『내 영혼 은스푼은』, 민족과문학사, 1990.
채수영, 「정신 문법과 변용 미학」, 『고요 시법(詩法)』, 토방출판사, 1993.
채수영, 「정신의 변형과 암시의 세계-시조집 '하늘 아래 작은 집'을 중심으로」, 『창작문학론』, 대한출판사, 1993.
이상범, 「이야기 시조론-나의 시·나의 시론」, 『조선문학』 1994년 6월호.
김 종, 「섭리를 다스리는 마법의 언어-이상범 문학 시교(試巧)」,

『조선문학』 1994년 6월호.
김재홍, 「자연애와 역사 인식」, 『오두막집행』, 토방출판사, 1995.
정신재, 「순일한 서정으로 거듭나기-이상범론」, 『시문학』 1996년 2월호.
오세영, 「삶, 그 인식의 다양성과 인간회복」, 『별』, 동학사, 1998.
김삼주, 「여백과 소실점의 미학-이상범 시론」, 『열린시조』 1998년 여름호.
이숭원, 「자연과 인간의 합일 속 신성(神聖) 추구-지상의 인간과 하늘의 별이 교감을 이루는 낭만적 세계관」, 『문학사상』 1998년 11월호.
이상범, 「희망과 우려 함께 하는 시조 작단」, 계간 문예 『다층』 2000년 여름호.
장경렬, 「빛을 끌어당기는 언어와 시의 세계」, 『신전의 가을』, 동학사, 2000.
김삼주, 『고적한, 고요하고 눈부신-이상범의 '신전의 가을' 읽기」, 계간 문예 『다층』 2000년 겨울호.
신웅순, 「잃어버린 사물 찾기-이상범의 남도창(南道唱) 욕망 분석」, 『시현실(詩現實)』 2000년 11·12월호.
신범순, 「시조의 강물에 띄운 영혼의 빈배-이상범의 '은행나무 설법'에 부쳐」, 『시조세계』 2000년 겨울호(창간호).
박철희, 「이상범론」, 『반시시대의 시와 상상력-현대시 다시 읽기』, 청솔출판사, 2000.